Ciccioncino Fa Scuola

L'incredibile storia
di un
Progetto Sostenibile

Questo libro è dedicato alla natura,
che ha veramente bisogno di essere protetta.
Facciamoci venire le idee giuste.
Ringrazio per il contributo didattico,
la maestra Velia Cimino e la sua
brillante classe IP2 del 2004,
presso la Scuola Europea di Culham.

Meglio tardi che mai!

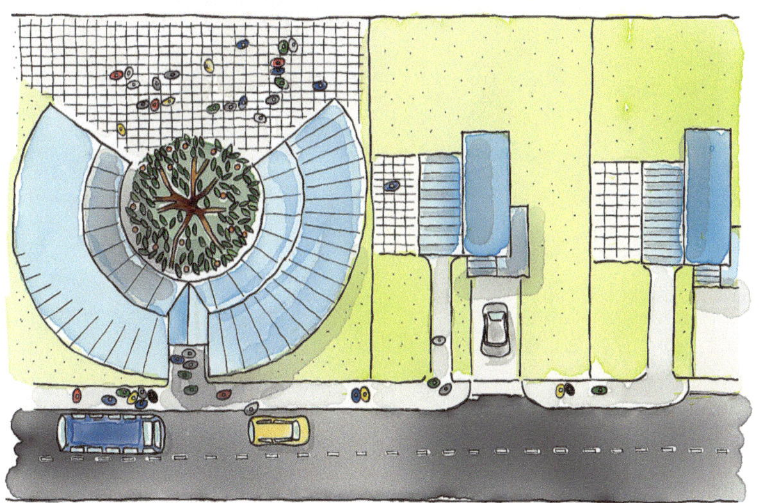

Ciao, io sono Ciccioncino
e questo è il mio progetto!

C'era una volta un bruco che viveva su un melo un pò speciale,
in un quartiere tranquillo e piacevole.

Il suo amico Gerri era suo vicino,
in una vera casa però!

Una bella mattina...

Ehi! Ma questi fanno sul serio!!
I bruchi sono nei guai!!

Capperi!

È questo l'albero?
Sì, dobbiamo tagliarlo!

Ma questa sega
non va bene, però.
Torneremo con
quella doppia per
finire il lavoro...

Ciccio riunisce tutta la famiglia
per dare l'allarme,
ma nessuno gli crede.

Tranne uno, lo zio Sapientone.

Ascoltate!
Voglio abbattere
il nsotro albero.
Dobbiamo pur
fare qualcosa...

Basta con le fantasie, Ciccioncino,
siamo molto occupati...
Lasciaci mangiare in pace!

Ciccio, io ti credo,
ed ho già un piano.
Ascolta...

Ciccioncino segue il consiglio
di Zio Sapientone e chiede aiuto
al suo amico Gerri.
Anche se la casa di Gerri è a due passi,
per un bruco andarci
è una vera avventura!

Parte alle otto.
Uff
Devo andare da Gerry.
Quanto è lontano!
È ora di fare merenda!
Mmmm
Ma alle dieci arriva il pericolo.
Aiuto
Faccio un salto nel buco...
Ma questi mi mangiano!
Ehi!
Ora di pranzo.
Ecco il pranzo. Ho una fame...!
Gulp
Sono quasi affogato ma eccomi qui, Gerri.
Finalmente alle quattro del pomeriggio...è salvo!

Pian piano Ciccioncino si calma
e racconta la sua storia a Gerri.

Pericolo...
i bruchi, l'albero...
Chiama tua mamma!

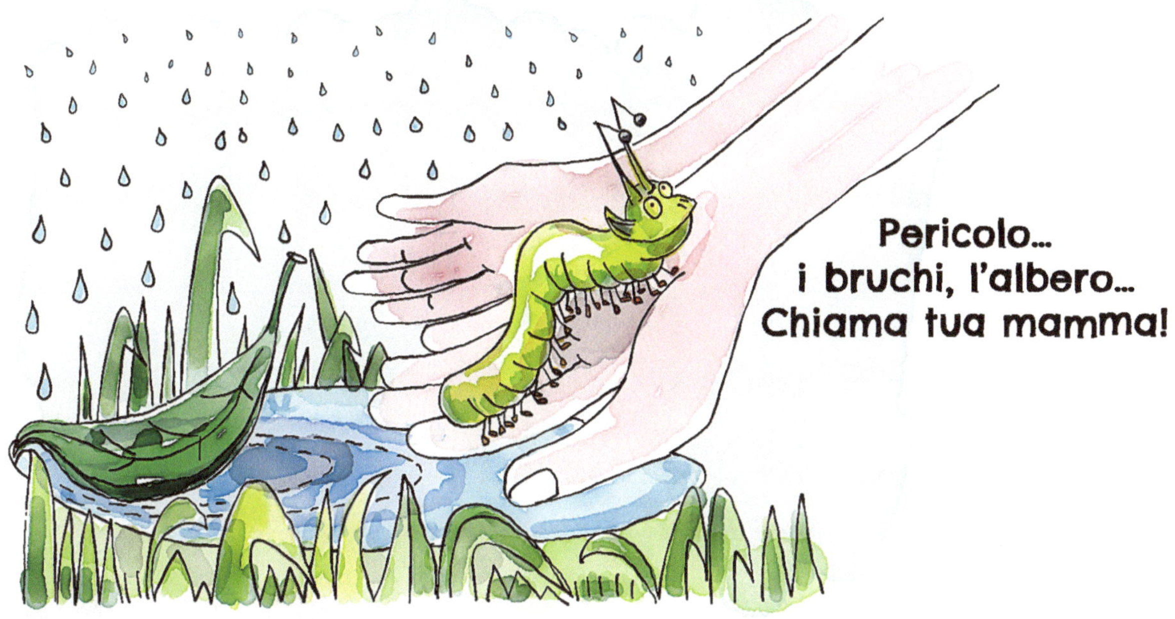

Gerri, Aiuto!

Stai tranquillo,
Ciccioncino.
Parliamone con mamma.
Lei di sicuro troverà una
soluzione per salvare l'albero.

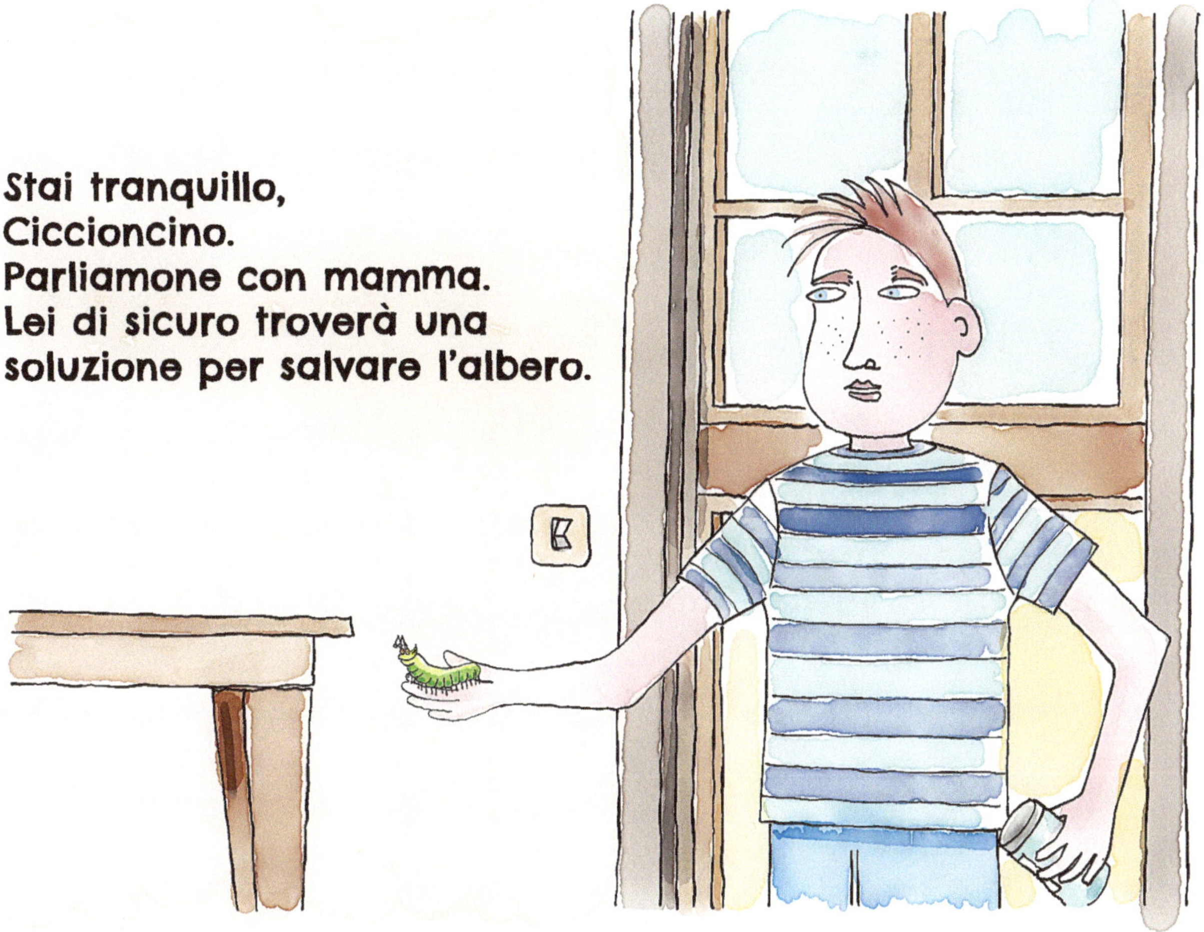

Mamma, questo è il mio amico bruco. Si chiama Ciccioncino.
Oh! Bravo Gerri, è molto carino...

Mamma, Ciccioncino mi ha chiesto aiuto. Vogliono tagliare il suo albero e tutta la sua famiglia morirà... Devi aiutarci!

Se non ci credi guarda il filo dei panni... sanno parlare e pure scrivere...
Ma Gerri i bruchi non parlano. Che fantasia
AIUTO

Siamo in via d'estinzione!

La mamma capisce che
bisogna salvare i bruchi
e val dal sindaco
per chiedergli di non tagliare il melo Zuccone...

Mi dispiace Signora.
Devo costruire l'asilo.
Lo esigono i miei elettori.

Ma non capisce?
Sono bruchi molto rari.
Dobbiamo salvarli!

L'albero verrà tagliato
la prossima settimana.
Buona giornata!.

Ed ora, le notizie.

Qui TVN in diretta per voi
da casa di Gerri.
Questa potrebbe essere la settimana in cui
si decide il destino dei bruchi Melotti.

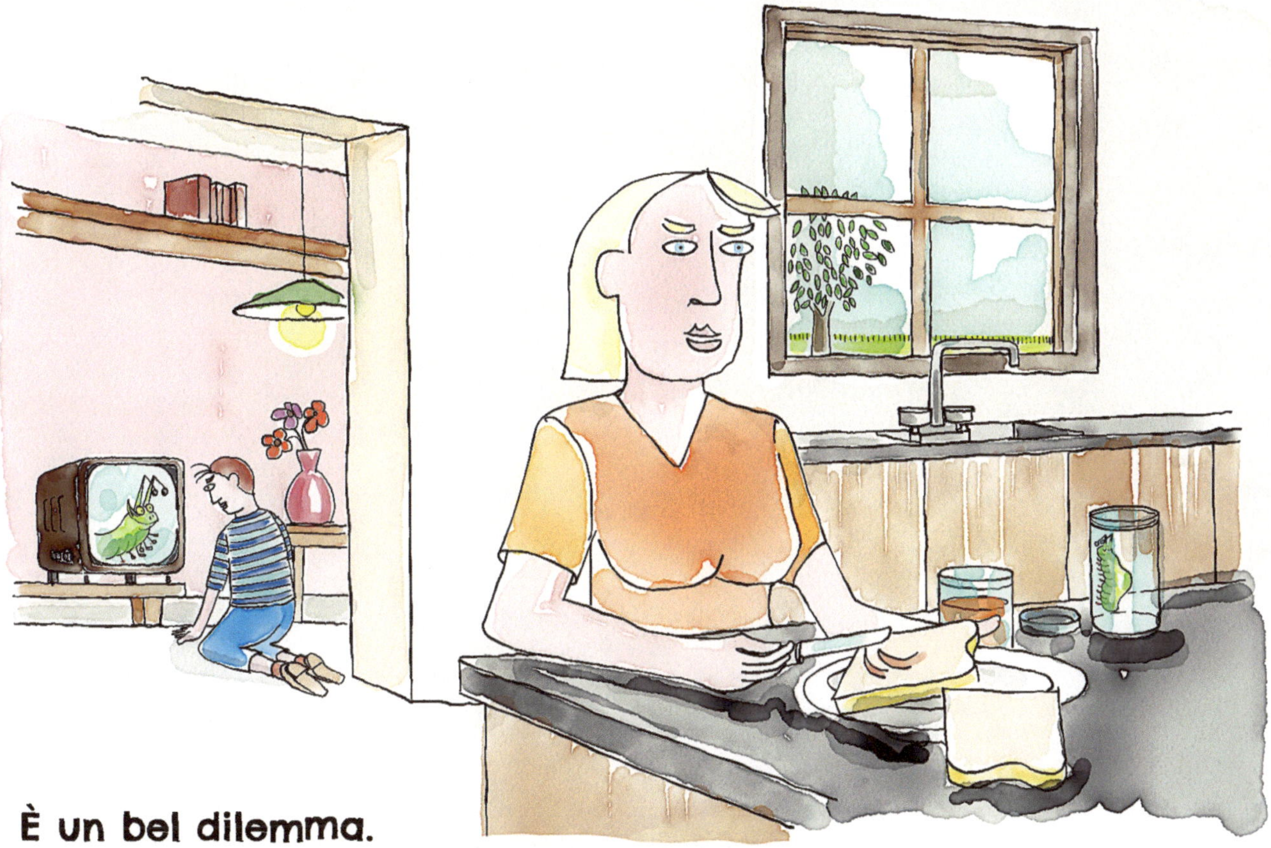

È un bel dilemma.
Ci serve l'asilo ma dobbiamo salvare i bruchi.
Devo chiedere aiuto alle altre mamme...

Vi serve un asilo?
Ma cos'è quest'asilo?

È un posto dove i bambini
giocano ed imparano.
L'unico spazio per costruirlo
è qui, dove cresce
il vostro melo...

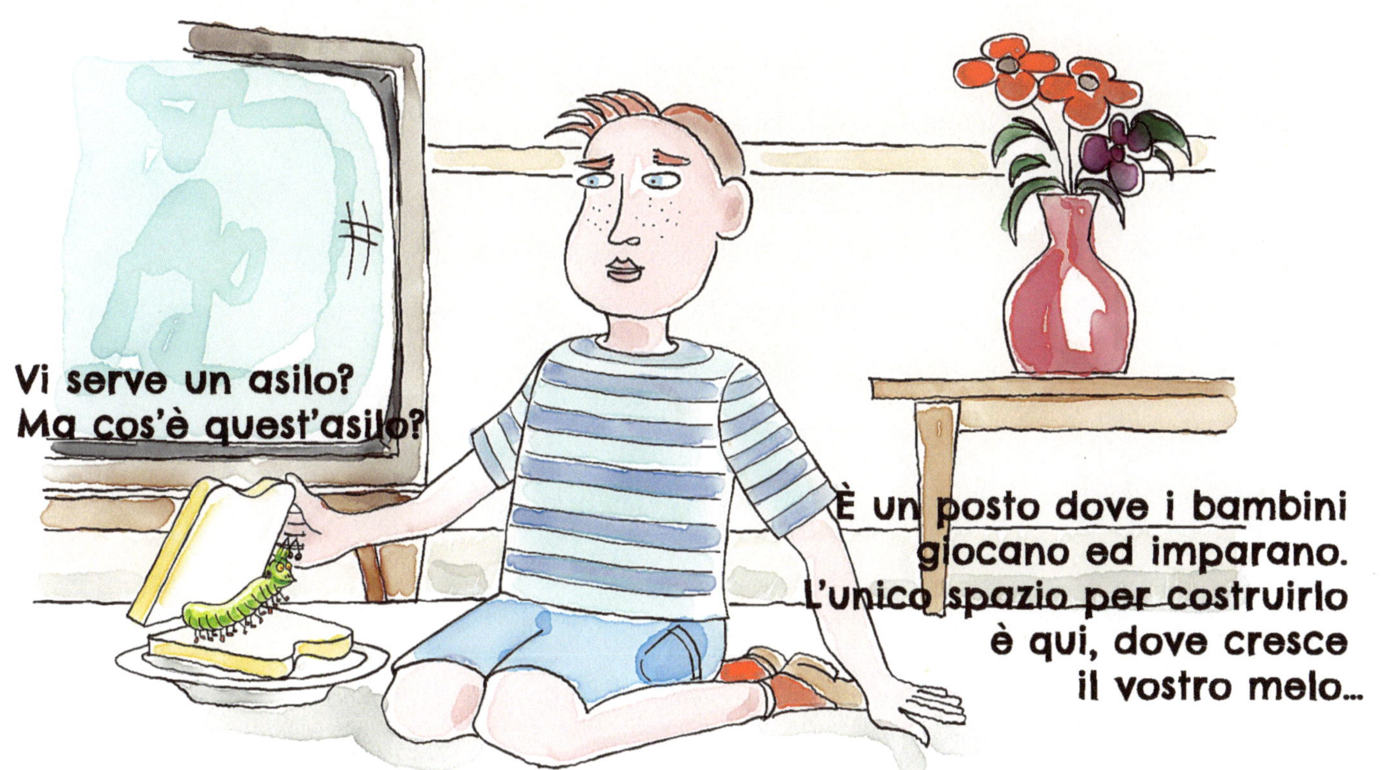

A mamma viene un'idea.
Serve una riunione.

Bisogna far presto!
Abbiamo meno di
una settimana di tempo…

Capite?
Ci serve l'asilo ma
dobbiamo salvare
i bruchi…
…ma il sindaco non
vuole aiutarci!
…credo che se facciamo
una grande manifestazione,
il sindaco ci ascolterà.
Allora,
forse qualcosa
si può fare!

Il girono dopo una folla di persone
si riunisce di fronte alla scuola
per farsi sentire.

GIÙ LE MANI DAI BRUCHI!
PROTEGGIAMO LA NATURA
ASILO SÌ, ALBERI, SÌ
MANGIATE CECI
BASTA DISTRUZIONI
SINDACO DIMETTITI
Calma, calma! Troverò una soluzione al più presto! Ve lo prometto!!

Ecco qua!
La mamma di Gerri ci
ha proprio dato una mano.
Vedete?
Si trova sempre una soluzione!
Basta cercarla...

L'albero rimarrà nel bel mezzo del cortile del nuovo asilo!

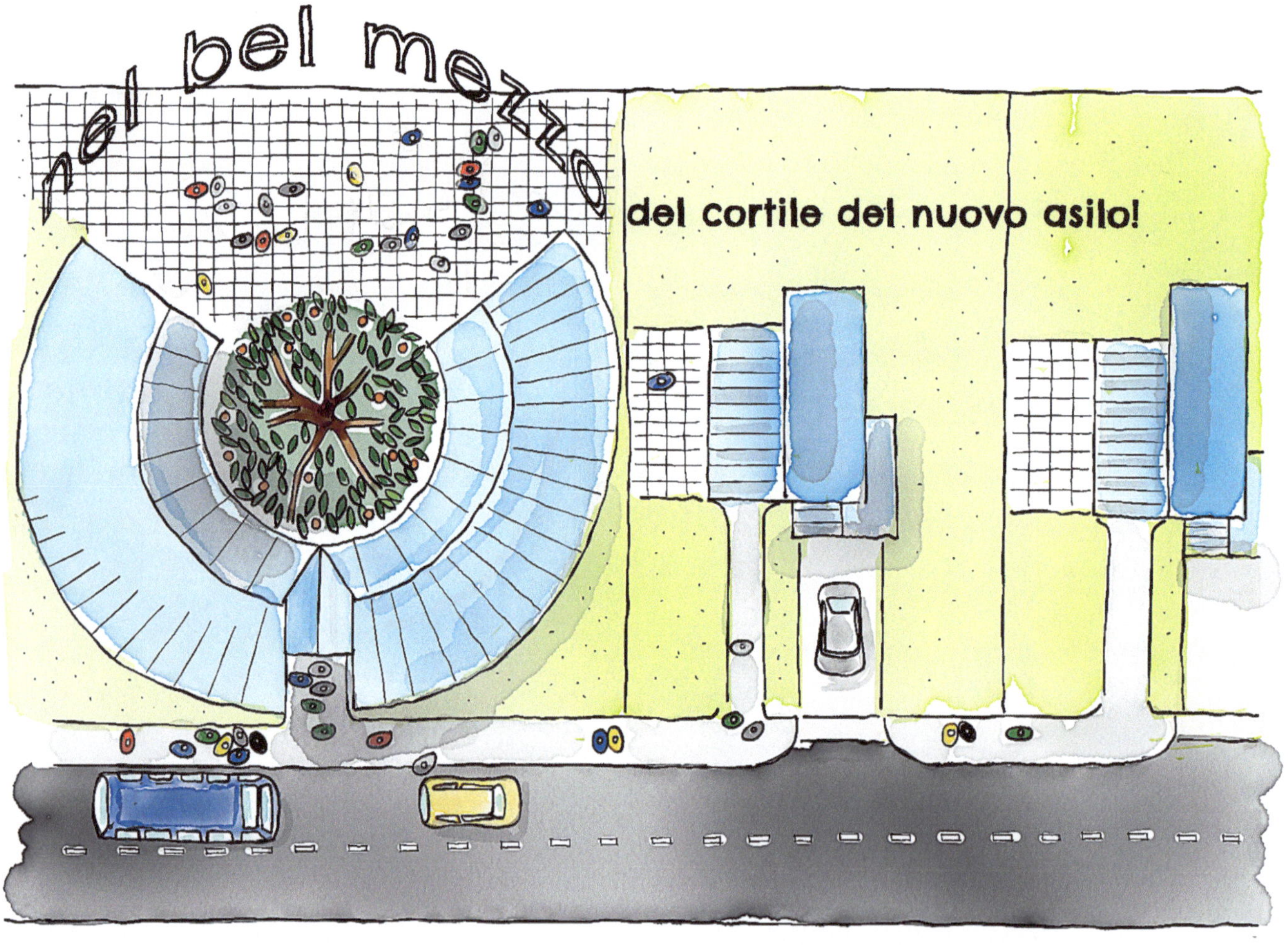

È l'asilo più bello del mondo.
Ciccioncino,
vieni a giocare!

Ma Ciccioncino non può restare...
Deve volar via verso la

FINE.

Grazie a voi siamo diventate farfalle.
Non ci dimenticheremo mai
di ciò che avete fatto per noi
e per le future generazioni
di bruchi Melotti.

Addio, Gerri!